Парамаханса Йогананда
(1893–1952)

Отвеченные молитвы

Парамаханса Йогананда

Серия «Искусство жить»

Неформальные лекции и эссе, публикуемые в серии «Искусство жить» (*"How-to-Live" Series*), впервые появились в журнале *Self-Realization*, издаваемом обществом Self-Realization Fellowship. Подобные материалы также содержатся в различных сборниках, а также аудио- и видеозаписях SRF. Серия «Искусство жить» была создана по многочисленным просьбам наших читателей, желавших иметь под рукой карманные брошюры, освещающие различные аспекты учений Парамахансы Йогананды. Данная серия публикаций передает духовные наставления Шри Йогананды и его ближайших учеников, членов монашеского ордена Self-Realization Fellowship, многие из которых долгие годы обучались у почитаемого во всем мире духовного учителя. Время от времени эта серия пополняется новыми публикациями.

Название англоязычного оригинала, издаваемого
обществом Self-Realization Fellowship, Лос-Анджелес, Калифорния:
Answered Prayers

ISBN: 978-0-87612-388-1

Перевод на русский язык: Self-Realization Fellowship

Copyright © 2016 Self-Realization Fellowship

Все права защищены. Без предварительного разрешения Self-Realization Fellowship перепечатка (за исключением кратких цитат для рецензий) и распространение книги «Отвеченные молитвы» (*Answered Prayers*) в любой форме — электронной, механической или любой другой, существующей сегодня или в будущем, включая фотокопирование, звуковую запись или хранение ее в информационных и принимающих системах — является нарушением авторских прав и преследуется по закону. За справками обращайтесь по адресу: Self-Realization Fellowship, 3880 San Rafael Avenue, Los Angeles, California 90065-3219, USA

 Авторизовано Международным издательским советом
Self-Realization Fellowship

Название общества Self-Realization Fellowship и его эмблема, помещенная выше, присутствуют на всех книгах, аудио- и видеозаписях, а также других публикациях SRF, удостоверяя читателя, что он имеет дело с материалами организации, которая основана Парамахансой Йоганандой и передает его учения точно и достоверно.

Первое издание на русском языке, 2025
First edition in Russian, 2025
Издание 2025 года
This printing 2025

ISBN: 978-1-68568-283-5

5064-J8896

– ✧ –

*Существует Сила, способная осветить
ваш путь к здоровью, счастью,
покою и успеху. Вам нужно лишь
обратиться лицом к этому Свету.*

— Парамаханса Йогананда

– ✧ –

Отвеченные молитвы

Парамаханса Йогананда

Лекция, прочитанная в Главном международном центре Self-Realization Fellowship, Лос-Анджелес, Калифорния, 19 октября 1939 года

Придя в этот мир не ведая откуда, мы, естественно, начали задаваться вопросами о происхождении жизни и ее смысле. Мы слышим о Творце, читаем о Нем, но не знаем, как установить с Ним связь. Мы только знаем, что во всем мироздании отражается Его Разум. Подобно тому как сложный механизм крошечных часов вызывает наше восхищение перед часовщиком, а огромное заводское оборудование побуждает нас восхищаться его изобретателем, так и наблюдая чудеса природы, мы ощущаем благоговение перед Разумом, стоящим за ними. Мы спрашиваем себя: «Кто сотворил цветок как живую форму, которая тянется к солнцу? Откуда берется его аромат и прелесть? Кто сотворил его лепестки такими совершенными и раскрасил их в такие чудные цвета?»

Ночью луна и звезды, изливая свой серебристый свет, побуждают нас думать о Разуме, направляющем движение небесных светил. Мягкий свет луны недостаточен для дневных занятий, и таким образом благой Разум подсказывает нам, что ночью мы должны отдыхать. А яркий свет восходящего солнца позволяет нам ясно видеть мир и осаждающие нас обязанности и заботы по удовлетворению наших жизненных нужд.

Наши нужды могут быть удовлетворены двумя путями. Первый путь — материальный. Например, если мы заболеем, мы можем пойти к доктору, и он назначит нам лечение. Но порой человеческая помощь бессильна. В таких случаях мы прибегаем ко второму пути: мы обращаемся к Духовной Силе, к Творцу нашего тела, ума и души. Материальная сила ограничена, и, когда она иссякает, мы обращаемся к неограниченной Божественной Силе. И точно так же с нашими финансовыми нуждами: когда мы делаем все, что в наших силах, а ситуация не меняется, мы обращаемся к Высшей Силе.

Каждый думает, что его проблемы самые сложные. Некоторые чувствуют себя более угнетенными, потому что им не хватает силы для сопротивления. Поскольку люди различаются по силе ума, при выполнении задач они применяют разное количество энергии. Если у человека возникли очень серьезные проблемы, а ум его недостаточно силен, он не сможет их преодолеть. А человек, чей ум силен, может преодолеть все препятствия. И все же даже самые сильные иногда терпят неудачу. Когда на нас обрушивается масса материальных, психологических или духовных проблем, мы осознаем, насколько ограничены жизненные силы в этом физическом мире.

Мы должны не только пытаться обрести материальное благополучие и хорошее здоровье, но и понять, для чего мы живем. В чем смысл нашей жизни? Когда нас одолевают трудности, мы в первую очередь пытаемся изменить что-то в окружающей нас среде — стараемся произвести в ней все изменения, которые, по нашему мнению, могут помочь. Но приходит момент, когда мы говорим: «Что бы я ни делал, ничего не помогает. Как же быть дальше?» Мы начинаем еще упорнее думать, как решить проблему. И когда мы размышляем достаточно глубоко, внутри мы находим ответ. Это одна из форм *отвеченной молитвы*.

Молитва — это настойчивая просьба души

Молитва — это настойчивая просьба души. Бог не сотворял нас нищими, ведь Он создал нас по Своему образу и подобию. Об этом говорят и Библия, и индуистские писания. Нищий, который приходит в богатый дом и просит милостыню, получает долю, полагающуюся нищему, а сын может получить все, что попросит у своего богатого отца. Поэтому мы не должны вести себя как нищие. Такие Божественные сыны, как Христос, Кришна и Будда не лгали, когда говорили, что мы сотворены по образу и подобию Божьему.

И все же мы видим, что одни в этом мире рождаются с серебряной ложкой во рту, — то есть имеют все, — а другие буквально притягивают к себе проблемы и неудачи. Как же тогда в последних выражается образ Бога? Сила Духа пребывает внутри каждого из нас; вопрос в том, как ее развить. Если вы последуете примеру моего общения с

Богом, вы непременно получите ожидаемый результат. В прошлом вы, возможно, испытывали разочарование оттого, что ваши молитвы оставались без ответа. Но не следует терять веру. Для того чтобы проверить, действует ли молитва, вы должны в первую очередь поверить в её силу.

Возможно, ваши молитвы остались без ответа потому, что вы выбрали роль нищего. Кроме того, вы должны ясно представлять, что вы *можете* просить у своего Отца, а чего вы просить не должны. К примеру, вы можете всем сердцем молиться о всех богатствах земли, но ваша молитва не будет исполнена, потому что все молитвы, связанные с материальной жизнью, ограничены; и они должны быть таковыми. Бог не станет нарушать Свои законы, чтобы потакать прихотям. Но есть правильный метод молитвы. Говорят, что у кошки девять жизней, а у трудностей — девяносто девять! Вы должны подумать, как можно убить кошку трудностей. Секрет действенной молитвы заключается в том, что нужно сменить свой статус: из нищего вы должны превратиться в Божье дитя. И когда вы будете обращаться к Богу из такого состояния сознания, ваша молитва будет иметь и силу, и мудрость.

Семя успеха сокрыто в силе воли

Большинство людей становятся чрезвычайно нервными или напрягаются, когда пытаются достичь чего-то очень важного для себя. Беспокойные, нервные действия не притягивают силу Бога, в то время как постоянное, спокойное и уверенное волевое усилие сотрясает силы мироздания и приносит ответ из Бесконечности. Семя успеха в достижении любой вашей цели сокрыто в вашей силе воли. Воля, изрядно потрёпанная трудностями, становится временно парализованной. Самое яркое воплощение воли демонстрирует тот решительный человек, который говорит: «Мое тело, может, и разбито, но сила воли держит мою голову несклоненной».

Сила воли и есть то, что делает вас божественным. Когда вы перестаете ее применять, вы становитесь смертным человеком. Многие говорят, что мы не должны прилагать волевые усилия для изменения обстоятельств, иначе помешаем Божьему плану. Но если не применять силу воли, для чего же Бог нам ее дал? Однажды я встретил фанатика, который сказал, что он не верит в применение силы воли, потому что именно от этого развилось человеческое эго. Я ему ответил: «В этот самый момент вы прилагаете большое волевое усилие, чтобы спорить со мной. А для того чтобы говорить, стоять, шагать, есть, посещать кинотеатр и даже укладывать себя спать, вы просто вынуждены применять волю. Вы по своей воле *желаете* делать все, что вы делаете. Без силы воли вы были бы механическим человеком». Когда Иисус сказал: «Не моя воля, да Твоя будет»[1], он не имел в виду неприменение силы воли. Он говорил о том, что

---

1 Мф. 26:39.

человек должен подчинить свою волю, управляемую желаниями, воле Бога. Поэтому правильная молитва, когда она настойчива, есть проявление воли.

Вы должны верить в возможность осуществления того, о чем молитесь. Если вы хотите дом, а ваш ум говорит: «Что за глупости! Тебе же это не по карману», вы должны выковать в себе стальную волю. Когда все «не могу» уйдут из вашего ума, тогда придет Божественная сила. Дом не упадет вам с небес, вы должны будете постоянно прикладывать силу воли для произведения конструктивных действий. Если вы настойчивы и отказываетесь признавать неудачи, предмет вашего желания должен материализоваться. Если вы постоянно направляете свои мысли и действия усилием воли, желаемое должно осуществиться. Даже если в мире нет абсолютно никаких условий для исполнения вашего желания, при упорном проявлении силы воли желаемый результат все равно проявится каким-нибудь путем. В такой воле кроется ответ Бога, потому что воля приходит от Бога; а несгибаемая воля есть божественная воля.

Сожгите в своем сознании все «не могу»

Слабая воля — это смертная воля. Как только испытания и неудачи ломают ее, она теряет связь с «динамо-машиной» Бесконечности. Но за человеческой волей стоит божественная воля, которая не может быть сломлена. Даже смерть не в силах сдержать божественную волю. Господь обязательно ответит на молитву, за которой стоит несгибаемая воля. Большинство людей ленивы либо умственно, либо физически, либо сразу на обоих планах. Когда они хотят молиться, они думают о сне, и когда их голова опускается, они ныряют в постель; на этом их молитва заканчивается. Воля погребена. Ум смертного человека полон всевозможных «не могу». С самого рождения человек попадает под влияние семьи с определенными привычками и укладом жизни и думает, что какие-то вещи он не может делать: он не может много ходить; он не может есть этот продукт; он не может это терпеть. Все эти «не могу» следует сжечь в своем сознании. Внутри себя вы имеете силу достичь всего, чего бы вы ни пожелали; эта сила кроется в вашей воле.

Тот, кто хочет развить свою волю, должен иметь соответствующий круг общения. Если вы желаете стать хорошим математиком, а все окружающие вас люди не любят математику, вы, вне сомнений, потеряете к ней интерес. Но когда вы общаетесь с математиками, добившимися успеха, ваша воля укрепляется и вы думаете: «Если другим это по плечу, значит, и я могу это сделать».

Не беритесь сразу за большие дела в своем стремлении развить волю. Для того чтобы добиться успеха, сначала потренируйте свою волю на каком-нибудь незначительном деле, которое, по вашему мнению, раньше было вам не под силу. Если вы будете над ним упорно работать, вы добьетесь успеха. Я помню все свои цели, которые, по мнению моих друзей и многих других людей, были мне не по силам; но я их достиг. Такие «благожелатели» могут принести много вреда. Упаси нас, Господи, от таких друзей! Круг общения оказывает большое влияние на волю. Если бы каждый четверг вы посещали пьяные пирушки вместо того, чтобы приходить сюда, вы бы не устояли перед воздействием той мирской вибрации. Ваша воля либо ослабляется, либо укрепляется под влиянием тех, кто вас окружает. Развивать свою волю в одиночку чрезвычайно трудно. Вам нужен живой пример перед глазами. Если вы хотите стать художником, окружите себя хорошими картинами и художниками. Если вы хотите стать Божьим человеком, окружайте себя духовно развитыми людьми.

Убежденность и личный опыт — разные вещи. Убежденность приходит от прочитанного, услышанного и принятого как факт, а личный опыт — это то, что вы прочувствовали сами. Вера тех, кто почувствовал Бога, незыблема. Если бы вы не знали вкуса апельсина, я бы мог легко ввести вас в заблуждение, неверно описав его. Но если вы его уже пробовали, я бы не смог вас обмануть.

Окружайте себя теми, кто укрепляет вашу веру

Мысли о Боге, успехе, исцелении и им подобные находятся в вашем уме в виде ваших устремлений. Вы должны испытать их на себе. Для того чтобы испытать свои мысли, вы должны применить силу воли для их материализации; а для того чтобы такую силу развить, вы должны общаться с теми, кто ею уже обладает. Если вы хотите исцелиться Божьей силой, сближайтесь с теми, кто укрепит вашу веру и волю.

Я ездил по всей Индии, пытаясь найти тех, кто познал Бога. Такие души — большая редкость. Все учителя, которых я встречал, говорили мне лишь о своих убеждениях. Но в духовных делах я был полон решимости никогда не удовлетворяться словами о Боге. Я хотел сам ощутить Его присутствие. Для меня переданное словами не имеет смысла до тех пор, пока я этого не ощущаю лично.

Как-то раз я беседовал с одним моим другом, брокером, о святых Индии. Он не разделял моего энтузиазма.

— Все так называемые святые — самозванцы, — сказал он. — Они не знают Бога.

Я не стал с ним спорить и сменил тему разговора. Мы начали говорить о брокерском бизнесе. После того как он уже достаточно рассказал мне о нем, я деликатно отметил:

— А ты знаешь, что в Калькутте нет ни одного надежного брокера? Они все непорядочные.

— Да что ты понимаешь в брокерах? — ответил он сердито.

— Вот о том и речь. А что ты понимаешь в святых?

Он ничего не мог сказать в ответ.

— Не спорь о том, чего не знаешь, — продолжил я по-доброму. — Я ничего не понимаю в брокерском бизнесе, а ты ничего не понимаешь в святых.

Лишь немногие пытаются практиковать религию, то есть превращать свои духовные мысли в предмет опыта. Я говорю вам только то, что познал на своем опыте; мне было бы неинтересно читать лекции о том, что я знаю лишь теоретически. Многие люди, не испытав истины, удовлетворяются лишь тем, что прочитали о ней. В Индии мы не ищем духовного руководства от тех, кто просто имеет теологическое образование или всего лишь изучил писания, не испытав их истины опытным путем. «Духовные граммофоны», воспроизводящие лишь слова об истине, нас не впечатляют. Нас учат видеть разницу между проповедью человека и его жизнью; он должен показать, что испытал на своем опыте то, чему научился теоретически.

Обеспечьте себе место в раю

Когда вы делаете попытки испытать на себе свои духовные убеждения, перед вами начинает открываться другой мир. Не живите в иллюзии защищенности, убеждая себя в том, что, поскольку вы примкнули к церкви, вы будете спасены. Вы сами должны приложить усилия для познания Бога. Ваш ум, возможно, удовлетворен тем, что вы очень религиозны; но пока ваше сознание не будет удовлетворено прямыми ответами на ваши молитвы, никакое обилие формальной религии вас не спасет. Какая польза от молитвы, если Бог на нее не отвечает? И хотя от Него трудно получить ответ, это все же возможно. Для того чтобы обеспечить себе место в раю, вы должны испытывать силу своих молитв до тех пор, пока не сделаете их действенными. Когда я был еще совсем маленьким, я исполнился твердого намерения получать ответы на свои молитвы. Требуется именно такая решимость. Многие испытания попытаются сломить вашу волю, но сила Бога отвечать на молитвы безгранична; упорство вашей несгибаемой воли принесет вам Его ответ.

Вы должны научиться концентрировать свои мысли. Поэтому вам необходимо находить время для уединения. Избегайте постоянного окружения людей. Большинство из них подобны губке: они вытягивают из вас все, а вы редко получаете что-либо взамен. Проводить время с людьми стоит лишь в том случае, если они искренние и сильные; и если каждый осознает искренность и силу другого, в таком случае происходит взаимообмен благородными душевными качествами.

Не тратьте времени впустую. Многие люди занимаются несущественными делами. Спроси их, что они делали, и они вам скажут: «О, да у меня каждая минута была занята!» А чем занимались, даже и вспомнить не могут. Большое количество развлечений ослабляет силу ума. Если вы будете посещать кинотеатр каждый день, он вам наскучит и потеряет свою привлекательность. Все кинофильмы по сути одинаковые: они в основном о любовниках, героях и злодеях. Мы можем получить удовольствие от увлекательной истории, рассказанной в кинокартине, но в жизни подобные истории случаются редко; если же кинофильм слишком реалистичен, его просто нет смысла смотреть, так как вокруг происходят не менее реалистичные события.

Жизнь очень сложна, но мы должны принимать ее такой, какая она есть. Если мы в первую очередь не усовершенствуем себя, мы не сможем помочь другим. В уединенности сконцентрированной мысли находится тайная мастерская всех достижений. Помните это. В этой мастерской неустанно оттачивайте свои волевые качества, чтобы достичь успеха в преодолении противостоящих вам трудностей. Постоянно развивайте свою волю. Если вы разумно используете свое время, у вас будет возможность работать в этой мастерской и днем, и ночью. Когда наступает ночь, я оставляю все мирские заботы и уединяюсь. Я становлюсь совершенно чуждым этому миру; для меня он превращается в пустое место. Наедине со своей силой воли я устремляю свои мысли в определенном направлении до тех пор, пока точно не определюсь, чего я желаю добиться и как я это сделаю. Затем я направляю свою волю на правильные действия, и это порождает успех. Именно таким образом я с успехом использовал свою силу воли много-много раз. Но это дает результат только в том случае, если сила воли применяется непрерывно.

Это прекрасное чувство — быть в состоянии говорить и осознавать: «Моя сила воли, укрепленная Божественной Волей, приведет меня к моей цели». Но если по лености вы возлагаете все на Божественную Силу и пренебрегаете своей волей, данной вам Богом, результата не будет. Божественная Сила желает помочь вам по Своей доброй воле; вам не нужно у Нее что-то выпрашивать. Но вы должны использовать свою волю, чтобы востребовать как Божье дитя и вести себя как Божье дитя. Вы должны избавиться от мысли, что Господь с Его замечательной силой находится где-то высоко в небесах, а вы — здесь, на земле, — всего лишь маленький беспомощный червяк, барахтающийся в трудностях. Помните, что за вашей волей стоит великая Божественная Воля; но эта безграничная Сила не может прийти к вам на помощь, если вы не готовы ее принять, если вы невосприимчивы.

Заряжайте свою силу воли концентрацией

Для того чтобы стать восприимчивым, сядьте прямо и концентрируйте свою мысль на каком-либо достойном желании до тех пор, пока ваше сознание и ум не растворятся в нем полностью. Так сила воли станет божественной — всеведущей и всемогущей — и ее можно будет успешно применять для реализации вашей цели. Но вам не следует просто сидеть и ждать, пока желаемое само к вам придет; как только вы определили план действий и укрепили свою силу воли, вы должны начинать действовать. Если вы будете поступать подобным образом, к вам станет приходить все, что требуется для успеха. Все будет подталкивать вас в нужном направлении. В вашей силе воли, укрепленной Божьей волей, кроется ответ на вашу молитву. Когда вы используете такую волю, вы открываете путь, по которому будут приходить ответы на ваши молитвы. Я испытал это на себе. Я раньше предпринимал попытки достичь чего-либо только для того, чтобы испытать свою силу воли. Теперь у меня нет необходимости этого делать. Я уже знаю, что это работает.

Много лет назад мне случилось увидеть, как один из моих учеников пошел по неправильному пути. Предвидя надвигающуюся трагедию, я использовал все возможные доводы, чтобы отговорить его от этого; но понял, что мои волевые усилия, какими бы напряженными они ни были, не помогают. Тогда я сказал себе: «Хорошо. Придется прощаться. Пусть уходит». Но вскоре моя любовь и беспокойство за него взяли свое. Я сел под баньяном и начал представлять его своим внутренним взором. Страстно и неустанно я передавал ему мысленное сообщение: «Бог мне сказал, чтобы я приказал тебе вернуться». Под вечер я почувствовал всем телом и умом, что он возвращается[2].

---

[2] Божественное сознание, которым обладают великие Мастера, пронизывает все тело. Например, их интуитивное восприятие неправильных мыслей ученика может ощущаться физически как острые уколы. Подобным образом, интуитивное восприятие гармонии и счастья иногда вызывает в теле приятное пощипывание. (Прим. изд.)

И вот он уже стоял у ворот: «блудный сын» вернулся в «отчий дом». Он сделал *пранам*[3] и сказал: «Весь день, где бы я ни был и что бы ни делал, передо мной стояло ваше лицо. Что все это значит?»

«Бог звал тебя через меня, — ответил я. — Это Он звал тебя, не я. В моем желании не было личного мотива; но я решил, что не сойду с места до тех пор, пока ты не вернешься». Такая решимость может изменить мир. Чудодейственная сила!

Итак, глубокая молитва действенна. Лучше всего молиться ночью, когда ничто не отвлекает. Если необходимо, поспите немного вечером, чтобы быть бодрым в ночной молитве, когда вы останетесь с Богом наедине. Сначала это может показаться трудным, но с каждым разом будет становиться все легче. И результаты вас удивят. Как только ваша воля наберет силу, Бог начнет отвечать. И когда Бесконечность снизойдет и нарушит обет молчания, вы не сможете сдержать своей радости. Но если у вас появится эгоистичное желание продемонстрировать другим силу своих молитв или использовать ее с целью наживы, вы потеряете эту силу. Бог уже не будет вам отвечать — вы Его спугнете. Он приходит, если только вы чистосердечны, и если любите Его ради Него Самого. Если вы любуетесь самим собой и желаете покрасоваться, Он видит, что вы ищете не Его, а славы для своего эго; и Он не придет.

---

3 Преклонил голову.

У кого хватит упорства дождаться Божьего ответа?

Бог — это не бесчувственное немое Существо. Он есть сама Любовь. Если вы знаете, как установить с Ним связь посредством медитации, Он ответит на ваши любовные призывы. Вы не должны умолять, вы можете требовать как Его дитя. Но кто из вас посвятит этому все то время, которое для этого требуется? У кого хватит упорства сконцентрироваться настолько, чтобы получить ответ от Бога?

Допустим, вы должны платить за ипотеку, но у вас не хватает средств; или же вы хотите получить определенную работу. В тишине, приходящей после глубокой медитации, сосредоточьтесь неустанным волевым усилием на своей потребности. Не думайте о результате. Если вы сажаете семя в почву, а затем постоянно разгребаете лунку, чтобы посмотреть, проросло оно или нет, оно никогда не взойдет. Аналогично, если после каждой молитвы вы пытаетесь проверить, исполняет ли Господь ваше желание, ничего не произойдет. Никогда не испытывайте Бога. Просто продолжайте неустанно молиться. Ваша задача — донести свою потребность до внимания Бога и всеми силами помочь Ему исполнить ваше желание. Например, если у вас есть хроническое заболевание, прилагайте все возможные усилия для излечения от него; но знайте, что в конечном счете исцеление дарует именно Бог. Каждую ночь берите эту мысль с собой в медитацию, молитесь со всей решимостью, и в один прекрасный день вы обнаружите, что болезнь прошла.

Сначала пожелание принимается умом. Затем Бог пропитывает ум Своею силой. Наконец, мозг высвобождает жизненную энергию для исцеления. Вы не осознаёте силу Бога, живущую в вашем уме. Она контролирует все телесные функции. Если вы задействуете силу своей мысли, вы можете создавать любые условия в теле. Прежде всего, необходимо научиться правильному методу медитации; затем вы сможете применять концентрацию своей мысли, заряженную Божьей силой во время медитации, для исцеления тела и преодоления любых трудностей.

Каждый день беритесь за какую-нибудь трудную для вас работу и старайтесь ее выполнить. И даже если вы потерпите неудачу пять раз подряд, все равно продолжайте; а когда добьетесь успеха, сразу же направляйте свою сконцентрированную волю на что-нибудь другое. Таким образом вы сможете постепенно добиваться успеха в более сложных делах. Воля — это инструмент Божьего образа внутри вас. В воле кроется безграничная сила Бога, сила, способная контролировать все силы природы. Поскольку вы сотворены по Его образу и подобию, эта сила, готовая исполнить все ваши желания, присуща и вам: вы можете добиться процветания, вы можете заменить ненависть любовью. Молитесь до тех пор, пока тело и ум не подчинятся вам полностью, и тогда вы получите

Божий ответ. Я постоянно ловлю себя на мысли, что Бог отвечает на малейшее мое пожелание.

Ваша самая большая необходимость — Бог

В точке между бровями находится дверь в рай. Этот мозговой центр[4] есть центр воли. Если вы глубоко сосредотачиваетесь на нем и спокойно изъявляете свое желание, оно осуществится. Поэтому никогда не используйте свою волю для недобрых целей. Намеренно желать вреда другому — значит злоупотреблять силой, данной нам Богом; и это чревато серьезными последствиями. Если вы обнаружите, что ваша воля идет в неверном направлении, остановитесь! Это будет не только пустой тратой Божественной энергии, но и причиной утраты этой силы: вы не будете способны использовать ее даже для добрых целей.

Честно оцените свое прошение в молитве — определите, приемлемо ли оно. Не просите у Бога того, что противоречит естественному порядку вещей в жизни. Просите только действительно необходимое. И осознавайте разницу между «нужным необходимым» и «ненужным необходимым». Самый лучший способ излечить себя от «ненужного необходимого» — поразмышлять и прислушаться к голосу рассудка. Раньше я мечтал о больших зданиях — это было моим хобби; но

---

4 См. *духовное око* в глоссарии.

теперь мне это уже не интересно. Теперь я имею не только много зданий, но и много хлопот по их содержанию! Владение собственностью — это большая ответственность и забота. Подавляйте желания ненужного владения собственностью. Направляйте свое внимание только на реальные потребности.

Ваша самая большая необходимость — это Бог. Он вам даст не только «нужное необходимое», но также и «ненужное необходимое». Когда вы станете с Ним едины, Он начнет исполнять каждое ваше желание. И ваши самые дерзновенные мечты осуществятся.

В Индии, когда я был маленьким, я очень хотел иметь пони, но мать не разрешала. Прошли годы; я уже открыл школу для мальчиков в Ранчи, и вот однажды я привел домой лошадь — она была нужна для хозяйства. И как-то утром она родила жеребенка. Это было именно то, чего я желал в детстве! Такое исполнение желаний со мной случалось много раз. Много лет назад, когда я путешествовал по Кашмиру, мне пришло видение, в котором я увидел архитектурное сооружение. Прошли годы и, приехав в Лос-Анджелес и посетив это место, где мы с вами сейчас находимся, я узнал в нем здание[5], образ которого мне пришел в том видении; мне стало ясно, что это Бог решил отдать нам его во владение.

---

5 Международная штаб-квартира SRF, расположенная в местности Маунт-Вашингтон в Лос-Анджелесе. Это видение явилось Парамахансе Йогананде в 1913 году.

Следуйте правилам молитвы

Первое правило молитвы: обращайтесь к Богу только с разумными просьбами. Второе: молиться об их исполнении следует не с позиции попрошайки, а с позиции сына: «Я Твое дитя. Ты мой Отец. Ты и я — Одно». Если вы будете молиться глубоко и долго, вы почувствуете, как в вашем сердце нарастает великая радость. Не успокаивайтесь до тех пор, пока эта радость не проявится, ибо когда вы почувствуете в сердце эту неизбывную радость, вы осознаете, что Бог настроился на вашу молитву. Тогда молитесь своему Отцу: «Господи, мне нужно… (изложите свою потребность). Я буду работать ради этого не покладая рук; пожалуйста, помоги: направляй мои мысли и действия, чтобы мои усилия увенчались успехом. Я буду использовать свой разум и упорно работать, но Ты направляй мой разум, мою волю и мои действия, чтобы я все сделал правильно». Я всегда так молился. И теперь, когда я говорю Богу об очередном своем начинании, я знаю, стоит им заниматься или нет и какие шаги я должен или не должен предпринимать.

Относитесь к своей молитве со всей серьезностью и используйте к ней практический подход. Глубоко сосредотачивайтесь на том, о чем молитесь. Прежде чем начать искать работу, подписывать контракт или делать что-то важное, думайте об этой Силе. Думайте о ней непрестанно. Используйте для молитвы также часть времени, отведенного для сна. Ваш ум привык к ночному отдыху от дневных забот, поэтому он докучает вам: «Хочу спать!» Всей своей силой божественной воли вы должны отвечать: «Иди прочь, сон! Моя встреча с Богом куда важнее». И тогда вы получите от Господа ответ.

О Парамахансе Йогананде
(1893–1952)

«В жизни Парамахансы Йогананды в полной мере проявился идеал любви к Богу и служения человечеству... Хотя большую часть своей жизни Йогананда провел за пределами Индии, он тем не менее занимает особое место среди наших великих святых. Его работа продолжает приносить свои плоды и сияет все ярче, привлекая людей всего мира на путь духовного паломничества».

— из сообщения индийского правительства, посвященного выпуску памятной марки в честь Парамахансы Йогананды

Парамаханса Йогананда родился в Индии 5 января 1893 года. Он посвятил свою жизнь служению людям всех рас и вероисповеданий, помогая им осознать и полнее выразить в своей жизни истинную красоту, благородство и божественность человеческого духа.

По окончании Калькуттского университета в 1915 году Парамаханса Йогананда принял обет монаха древнего индийского монашеского ордена Свами. Двумя годами позже он приступил к главному труду своей жизни — духовному наставничеству, основав йогическую школу («how-to-live» school). Сегодня во всей Индии уже насчитывается двадцать одно учебное заведение такого рода, где традиционные школьные предметы сочетаются с практикой йоги и воспитанием духовных идеалов. В 1920 году его пригласили на Международный конгресс религиозных либералов в Бостоне в качестве представителя от Индии. Его выступление на конгрессе и последовавшие за ним лекции в городах Восточного побережья

США были приняты с огромным энтузиазмом, и в 1924 году он отправился в трансконтинентальное лекционное турне.

На протяжении трех последующих десятилетий Парамаханса Йогананда вносил неоценимый вклад в распространение на Западе теоретических и практических знаний о духовной мудрости Востока. В 1920 году он основал религиозную организацию, объединяющую людей разных конфессий, — общество Self-Realization Fellowship — и разместил ее главный международный центр в Лос-Анджелесе. Написав множество трудов, совершив ряд больших лекционных турне и основав многочисленные храмы и медитационные центры SRF, он сумел познакомить тысячи искателей истины с древней философией йоги и ее универсальными методами медитации.

В наши дни его духовная и гуманитарная работа продолжается под руководством брата Чидананды, президента Self-Realization Fellowship/Yogoda Satsanga Society of India. Помимо издания письменных трудов Парамахансы Йогананды, его лекций, неформальных бесед и всеобъемлющей серии *Уроков Self-Realization Fellowship*, общество курирует работу храмов, ретритов, медитационных центров и монашеских общин Self-Realization Fellowship, а также Всемирного круга молитвы.

Освещая в своей статье жизнь и труд Парамахансы Йогананды, доктор наук и профессор кафедры древних языков в колледже Скриппс Куинси Хау-младший написал о нем следующее: «Парамаханса Йогананда принес из Индии не только вечную надежду на постижение Бога, но и практический метод, при помощи которого духовные искатели разных толков могут быстро продвигаться к этой цели. Духовное наследие Индии, первоначально признанное на Западе лишь на уровне чего-то возвышенного и абстрактного, стало доступным в наше время в виде практического опыта для всех тех, кто стремится познать Бога — не по ту сторону, а здесь и сейчас... Самый возвышенный метод созерцания Йогананда сделал доступным для всех».

Глоссарий

Аватар (avatar). От санскр. *avatara* («нисхождение»); тот, кто обретает единство с Духом, а затем возвращается на землю, чтобы помогать человечеству.

Астральный мир (astral world). Тонкая сфера света и энергии, лежащая в основе физического мира. Каждое существо, каждый предмет, каждая вибрация в физическом мире имеет своего астрального двойника, поскольку астральный мир («небеса») содержит в себе энергетическую копию физического мира. Более подробное описание астрального и еще более тонкого каузального (идеального) мира можно найти в 43-й главе книги Парамахансы Йогананды «Автобиография йога».

Аум (Ом) (Aum, Om). Санскритское корневое слово-звук, символизирующее тот аспект Всевышнего, который творит все сущее и поддерживает в нем жизнь; основа всех звуков; Космическая Вибрация. У тибетцев ведический *Аум* стал священным словом *Хам*; у мусульман — *Амин (Аминь)*; у египтян, греков, римлян, иудеев и христиан — *Аминь*. Мировые религии утверждают, что все сотворенное рождается в космической вибрационной энергии *Аум* (Аминь, Слово, Святой Дух). «В начале было Слово, и Слово было у Бога, и Слово было Бог... Все чрез Него начало быть, и без Него ничто не начало быть, что начало быть» (Ин. 1:1, 3).

Ашрам (ashram). Духовная обитель, часто — монастырь.

Бхагавад-Гита (Bhagavad Gita). «Песнь Господня»; древнее священное писание Индии, часть эпического сказания «Махабхарата». Представленная в форме диалога между *аватаром* Господом Кришной и его учеником Арджуной накануне исторической битвы на Курукшетре, Бхагавад-Гита является глубоким трактатом о йоге — науке единения с Богом — и вечным рецептом счастья и успеха в повседневной жизни.

Бхагаван Кришна (Господь Кришна). *Аватар*, живший в Древней Индии за много веков до рождения Иисуса Христа. Его учение о Йоге представлено в священной Бхагавад-Гите. В индуистских писаниях слово «Кришна» имеет несколько значений, одно из которых — «Всеведущий Дух». Поэтому «Кришна», как и «Христос», — это духовный титул, обозначающий божественное величие *аватара*, его единство с Богом.

Гуру (Guru). Духовный учитель. *Гуру-гита* (стих 17) точно описывает гуру как «того, кто рассеивает тьму» (от *гу* — «тьма» и *ру* — «тот, кто рассеивает»). Зачастую так называют любого учителя или инструктора, что само по себе ошибочно. Истинный, просветленный гуру — это тот, кто обрел власть над самим собой и осознал свое тождество с вездесущим Духом. Только такой гуру обладает надлежащей духовной квалификацией для того, чтобы направлять богоискателя в его внутреннем духовном поиске.

Ближайшим эквивалентом термина *гуру* на английском языке выступает слово «Мастер». Именно его зачастую используют ученики при уважительном обращении к Парамахансе Йогананде или его упоминании.

Духовное око (spiritual eye). Единое око интуиции и вездесущего восприятия в центре Христа (*Кутастха*), расположенном в межбровье; врата в наивысшие состояния сознания. В глубокой медитации духовное, или «чистое», око можно узреть в виде сияющего золотого кольца, обрамляющего темно-синюю сферу, внутри которой горит яркая звезда. Этот всеведущий глаз упоминается в священных писаниях как «третий глаз», «звезда Востока», «внутренний глаз», «голубь, сходящий с небес», «глаз Шивы» и «глаз интуиции».

Иисус также говорил о духовном оке: «Светильник для тела есть око. Итак, если око твое будет чисто, то и все тело твое будет светло...» (Мф. 6:22).

Йога (от санскр. *уиj* — «единение») — единение индивидуальной души с Духом, а также методы, с помощью которых достигается это единение. Существуют различные методы йоги; Парамаханса Йогананда обучал *Раджа-йоге* — «царственной», или «совершенной», йоге, которая делает акцент на практике научных техник медитации. Мудрец Патанджали, выдающийся толкователь йоги, выделил восемь ступеней, ведущих практикующего *Раджа-йогу* к *самадхи* (единению с Богом), а именно: (1) *яма,* нравственное поведение; (2) *нияма*, соблюдение религиозных предписаний; (3) *асана*, правильная поза для достижения неподвижности тела; (4) *пранаяма*, контроль над *праной*, тонкими жизненными токами; (5) *пратьяхара,* самоуглубление; (6) *дхарана*, концентрация; (7) *дхьяна*, медитация; (8) *самадхи*, состояние сверхсознания.

Карма (karma). Последствия действий, свершенных в этой или в прошлых жизнях. Кармический закон есть закон действия и противодействия, причины и следствия, сеяния и пожинания. Каждый человек сам формирует свою судьбу своими мыслями и действиями. Та энергия, которую он сам — благоразумно или же по собственному неведению — приводит в действие, должна вернуться к нему как к своей исходной точке, подобно тому, как круг неизбежно замыкает самого себя. Понимание кармы как закона справедливости помогает освободить человеческий разум от обид на Бога и человека. Карма неотделима от человека и следует за ним от инкарнации к инкарнации — до тех пор, пока она не будет отработана или преодолена духовно. (См. *реинкарнация*.)

Космическое Сознание (Cosmic Consciousness). Абсолют; Дух за пределами мироздания. Этот термин также обозначает достигаемое в медитации состояние *самадхи* — единение с Богом как внутри вибрационного мироздания, так и за его пределами.

Крийя-йога (Kriya Yoga). Священная духовная наука, зародившаяся в Индии несколько тысячелетий назад. Будучи формой *Раджа-йоги*, она включает в себя продвинутые техники медитации, которые ведут к прямому контакту с Богом. Подробное описание *Крийя-йоги* даётся в 26-й главе «Автобиографии йога», а получить саму технику могут ученики SRF, подписавшиеся на *Уроки Self-Realization Fellowship Lessons* и выполнившие определённые духовные требования.

Кришна (Krishna). См. *Бхагаван Кришна*.

Майя (maya). Заложенная в структуре мироздания космическая иллюзия, из-за которой Единое Целое представляется множеством. *Майя* — это принцип относительности, контрастности, двойственности, противоположности; это Сатана (ивр. — «противник») в Ветхом Завете. Шри Йогананда писал: «На санскрите слово *майя* буквально означает „измеритель"... *Майя* — это магическая сила в мироздании, из-за которой в Неизмеримом и Неразделённом возникает видимость ограничений и деления... Единственная функция Сатаны (то есть *майи*) в божественном замысле-игре (*лиле*) состоит в том, чтобы отвлекать человека от Духа к материи, от Реальности к ирреальному... *Майя* — это покров преходящих состояний в Природе, бесконечного рождения новых форм; это покров, который каждый человек должен отбросить, чтобы увидеть за ним Творца, неизменяемое Неизменное, вечную Реальность».

Парамаханса (Paramahansa). Титул духовного мастера, достигшего высшего состояния неразрывного единения с Богом. Только истинный гуру может присвоить этот титул своему достойному ученику. Свами Шри Юктешвар присвоил этот титул Парамахансе Йогананде в 1935 году.

Сатана (Satan). См. *майя*.

Самадхи (Samadhi). Духовный экстаз; опыт сверхсознания; в высшем смысле — единение с Богом как с высшей Реальностью, пронизывающей все сущее.

Самореализация (Self-realization). Парамаханса Йогананда дал следующее определение Самореализации как осознания своего истинного «Я»: «Самореализация — это знание телом, умом и душой, что мы едины с вездесущностью Бога и нам не нужно молиться о ней; что она не просто рядом с нами в каждый миг нашей жизни, но что вездесущность Бога — это наша собственная вездесущность и мы сейчас — такая же часть Бога, какой будем всегда. Нам нужно лишь усовершенствовать это знание».

Реинкарнация (Reincarnation). Теория реинкарнации подробно рассматривается в 43-й главе «Автобиографии йога» Парамахансы Йогананды. Там объясняется, что, согласно закону *кармы*, прошлые действия людей порождают определенные последствия, которые притягивают их обратно в материальный мир. Они возвращаются на землю жизнь за жизнью, чтобы проходить через переживания, являющие собой результат этих действий, и продолжать процесс духовной эволюции, чтобы в итоге постичь совершенство души и обрести единение с Богом.

Христово Сознание (Christ Consciousness). «Христос», или «Христово Сознание», суть спроецированное сознание Бога, имманентно присутствующее во всем мироздании. Оно же Единородный Сын в Библии, единственно чистое отражение Бога Отца во всем сущем. В индуистских священных писаниях оно называется *Кутастха Чайтанья*, а также *Тат* (космический разум Духа, пронизывающий все мироздание). Это то универсальное, единое с Богом Сознание, которое было проявлено в Иисусе, Кришне и других *аватарах*. Святые и йоги знают его как состояние *самадхи*, в котором сознание отождествляется с разумом каждой частицы мироздания; они ощущают Вселенную как свое собственное тело. См. *Троица*.

Я (Self). С заглавной буквы — *атман* (душа, божественная суть человека), со строчной — малое «я», то есть человеческая личность, эго. Высшее «Я» есть индивидуализированный Дух, чья истинная природа — вечно сущее, вечно сознательное, всегда новое Блаженство.

Книги
Парамахансы Йогананды
на русском языке

Издательство Self-Realization Fellowship

«Автобиография йога»

«Вечный поиск»

«Божественный роман»

«Путь к Самореализации»

«Закон успеха»

«Как говорить с Богом»

«Метафизические медитации»

«Научные целительные аффирмации»

«Религия как наука»

«Высказывания Парамахансы Йогананды»

«Внутренний покой»

«Там, где свет»

«Почему Бог допускает зло»

«Быть победителем в жизни»

«Жить бесстрашно»

В издательстве «София» (www.sophia.ru) можно приобрести следующие книги:

«Автобиография йога»

«Бхагавадгита: Беседы Бога с Арджуной»

Другие издания Self-Realization Fellowship на русском языке

«Только любовь»
Шри Дайя Мата

«Как найти радость внутри себя»
Шри Дайя Мата

«Отношения между гуру и учеником»
Шри Мриналини Мата

«Проявление Божественного сознания в повседневной жизни»
Шри Мриналини Мата

Книги
Парамахансы Йогананды
на английском языке

Доступны напрямую у издателя:
Self-Realization Fellowship
3880 San Rafael Avenue • Los Angeles, California 90065-3219
Тел. +1 (323) 225-2471 • *Факс* +1 (323) 225-5088
www.srfbooks.org

Autobiography of a Yogi

Autobiography of a Yogi
(Аудиокнига, читает Сэр Бэн Кингсли)

The Second Coming of Christ:
The Resurrection of the Christ Within You
Комментарий-откровение изначального учения Христа

God Talks with Arjuna: The Bhagavad Gita
Новый перевод и комментарии

Man's Eternal Quest
Первый том собрания лекций, эссе и неформальных бесед
Парамахансы Йогананды

The Divine Romance
Второй том собрания лекций, эссе и неформальных бесед
Парамахансы Йогананды

Journey to Self-Realization
Третий том собрания лекций, эссе и неформальных бесед
Парамахансы Йогананды

Wine of the Mystic:
The Rubaiyat of Omar Khayyam — A Spiritual Interpretation
Вдохновенный комментарий, проливающий свет на мистическую науку общения с Богом, на которую указывают таинственные образы «Рубайята»

Where There Is Light:
Insight and Inspiration for Meeting Life's Challenges

Whispers from Eternity
Собрание вдохновенных молитв Парамахансы Йогананды и его запечатленных переживаний во время общения с Богом в высших стадиях медитации

The Science of Religion

The Yoga of the Bhagavad Gita:
An Introduction to India's Universal Science of God-Realization

The Yoga of Jesus:
Understanding the Hidden Teachings of the Gospels

In the Sanctuary of the Soul:
A Guide to Effective Prayer

Inner Peace:
How to Be Calmly Active and Actively Calm

To Be Victorious in Life

Why God Permits Evil and How to Rise Above It

Living Fearlessly:
Bringing Out Your Inner Soul Strength

How You Can Talk With God

Metaphysical Meditations
Более трехсот вдохновенных медитаций и одухотворенных молитв и аффирмаций Парамахансы Йогананды

Scientific Healing Affirmations
Парамаханса Йогананда дает здесь глубокое объяснение принципу действия целительных аффирмаций

Sayings of Paramahansa Yogananda
Короткие истории, в которых запечатлены искренние, пронизанные любовью советы и наставления Парамахансы Йогананды всем тем, кто обращался к нему за духовным руководством

Songs of the Soul
Мистическая поэзия Парамахансы Йогананды

The Law of Success
В этой книге Парамаханса Йогананда объясняет динамические принципы достижения целей

Cosmic Chants
Слова и музыка к шестидесяти духовным песням на английском языке; также прилагается вводная статья о том, как духовное пение способствует общению с Богом

DVD (документальный фильм)

Awake:
The Life of Yogananda
Отмеченный наградами документальный фильм о жизни и работе Парамахансы Йогананды

Другие брошюры серии «Искусство жить»

Парамаханса Йогананда
Answered Prayers

Focusing the Power of Attention for Success

Harmonizing Physical, Mental, and Spiritual Methods of Healing

Healing by God's Unlimited Power

How to Cultivate Divine Love

How to Find a Way to Victory

Remolding Your Life

Where Are Our Departed Loved Ones?

World Crisis

Шри Дайя Мата
How to Change Others

Overcoming Character Liabilities

The Skilled Profession of Child-Rearing

Шри Мриналини Мата
The Guru-Disciple Relationship

Брат Анандамой
Closing the Generation Gap

Spiritual Marriage

Брат Бхактананда
Applying the Power of Positive Thinking

Брат Премамой
Bringing Out the Best in Our Relationships With Others

Парамаханса Йогананда
«Автобиография йога»

Эта знаменитая автобиография представляет собой блестящий портрет одного из величайших духовных деятелей нашего времени. Подкупая своей искренностью и неподражаемым чувством юмора, Парамаханса Йогананда ярко описывает вдохновляющие события своей жизни: неординарные переживания детства; встречи с мудрецами и святыми в пору юношества, когда он ездил по Индии в поисках просветленного учителя; десять лет духовного обучения в ашраме под руководством глубоко почитаемого мастера йоги и тридцать лет духовного наставничества в Америке. Он также запечатлел свои встречи с Махатмой Ганди, Рабиндранатом Тагором, Лютером Бербанком, католической стигматисткой Терезой Нойман и другими знаменитыми духовными личностями Востока и Запада.

«Автобиография йога» представляет собой одновременно увлекательнейший рассказ о совершенно необыкновенной жизни и основательное введение в древнюю науку йоги с ее освященной веками традицией медитации. Автор четко объясняет тонкие, но неизменно действующие законы, стоящие как за обыкновенными событиями повседневной жизни, так и за необыкновенными, которые принято называть чудесами. Захватывающее повествование об удивительной жизни перетекает в проникновенный и незабываемый экскурс в глубочайшие тайны человеческого бытия.

«Автобиография йога», уже ставшая современной классикой, переведена более чем на пятьдесят языков и широко используется в колледжах и университетах в качестве авторитетного справочника. Неизменный бестселлер со дня своего появления в печати более семидесяти лет назад, она нашла свой путь к сердцам миллионов читателей во всем мире.

«Исключительно ценная работа»

— The New York Times

«Очаровательное, снабженное исчерпывающими комментариями исследование»

— Newsweek

«Ни на английском, ни на каком-либо другом европейском языке йога еще не была представлена подобным образом»

— Columbia University Pres

Уроки
Self-Realization Fellowship

Личные наставления и инструкции Парамахансы Йогананды по техникам йогической медитации и принципам духовной жизни

Если вы чувствуете тягу к познанию духовных истин, описанных в брошюре «Отвеченные молитвы», мы предлагаем вам подписаться на *Уроки Self-Realization Fellowship* (*Self-Realization Fellowship Lessons*).

Парамаханса Йогананда разработал эту серию уроков для домашнего обучения с той целью, чтобы искренние искатели имели возможность самостоятельно изучать и практиковать древние йогические техники медитации, которые он представил Западу, — включая науку *Крийя-йоги*. *Уроки SRF* содержат, помимо прочего, практическое руководство по обретению сбалансированного физического, психологического и духовного благополучия.

Уроки Self-Realization Fellowship распространяются за символическую плату, чтобы покрыть расходы по печати и отправке материалов по почте. Все обучающиеся могут рассчитывать на бесплатную консультацию по практическим аспектам уроков со стороны монахов и монахинь общества Self-Realization Fellowship.

Если вы желаете знать больше...

Пожалуйста, посетите веб-сайт www.srflessons.org, чтобы запросить брошюру с исчерпывающей информацией по *Урокам SRF*.

www.ingramcontent.com/pod-product-compliance
Lightning Source LLC
Chambersburg PA
CBHW031437040426
42444CB00006B/850